M. A. BURDEAU

CONTRE

M. DRUMONT et le journal *la Libre Parole*

PLAIDOIRIE

DE M. WALDECK-ROUSSEAU

POUR

M. A. BURDEAU

M. A. BURDEAU

CONTRE

M. DRUMONT et le journal la *Libre Parole*

PLAIDOIRIE

DE M. WALDECK-ROUSSEAU

POUR

M. A. BURDEAU

STÉNOGRAPHIE DE M. P. DETOT, STÉNOGRAPHE-REVISEUR DE LA CHAMBRE DES DÉPUTÉS

M. Burdeau n'ignore pas à quelles attaques passionnées un homme politique est exposé. S'il ne reste pas confondu dans la foule et que par son mérite il s'élève au-dessus du niveau commun, il doit s'attendre à toutes les injustices. Ses intentions seront dénaturées, ses actes travestis. La moindre accusation qu'il doive redouter, c'est d'avoir renié son passé, trahi ses opinions et sacrifié les inspirations de sa conscience aux appétits d'une ambition souvent vulgaire et parfois désordonnée.

Si M. Drumont, puisant au collecteur banal de la diffamation ordinaire, s'était borné à diriger contre mon client de pareilles imputations, il n'eût pas détourné la tête, le dédain lui aurait suffi... Mais M. Drumont ne s'est pas contenté d'accusations générales, de sous-entendus perfides, il a été plus loin. Il a osé accuser M. Burdeau d'avoir conclu

un de ces marchés honteux que la conscience réprouve et qui soulèvent
le mépris de tout homme d'honneur. Il a dit : Vous avez reçu de
l'argent, tel jour, de telle personne. Vous n'avez pas seulement trahi
vos convictions, vous les avez vendues ! Le devoir de l'honnête homme
pour qui je plaide était tout tracé. Il amène devant vous celui que
j'appelle dès à présent le calomniateur, et quelques heures à peine
l'éloignent encore de l'heure de la réparation.

Quand on a eu l'audace de pareilles affirmations, il semblerait qu'on
dût attendre avec impatience le moment où il sera permis de faire
apparaître un témoin, d'invoquer une déposition qui puisse, je ne dis
pas en justifier, mais en atténuer la triste infamie. Or, rassemblez vos
souvenirs, rappelez à vos mémoires tout ce qui s'est dit ici pendant
cette longue audience. Tous les sujets qui peuvent exercer la controverse moderne, toutes les questions qui divisent l'opinion y ont été
successivement abordés. On a mis devant vous en accusation la presse
française ! Tous les journaux sont vendus, il n'y a que la *Libre Parole*
qui ne se vende pas !... Tous les journalistes sont à l'encan, sauf
M. Drumont !... On a fait le procès à la haute banque, on a traduit
le sémitisme à votre barre... des hommes que la France ignorait hier
et qu'elle aura oubliés demain se sont posés en arbitres de ses
destinées, ils ont dicté les grandes lois auxquelles il convient de la
soumettre...

Mais avez-vous entendu un témoin attester qu'il ait connu le marché
honteux dont M. Burdeau est accusé ? Quelqu'un a-t-il osé dire ou bal-
butier qu'une rumeur ait justifié pareille accusation ?... Non ! Ce n'est
point, semble-t-il, pour cela que vous êtes réunis, et cet incroyable
mépris d'une preuve que le calomniateur le plus blasé eût voulu sembler
entreprendre, est peut-être, de toutes les invraisemblances dont vous
avez eu le spectacle, la plus imprévue et la plus incroyable.

La question qui vous est posée est simple et grave. Est-il permis,
sans encourir les plus inévitables pénalités, de flétrir l'honneur d'un
homme, et, sommé de justifier son œuvre, de se borner à faire le procès de son temps ?... M. Burdeau a-t-il été odieusement diffamé ? Est-
il vrai que, dans ce pays, dont la gloire la plus pure est de permettre

toutes les ambitions légitimes à ses enfants les plus obscurs, on ne puisse s'ouvrir par son labeur et son intelligence une place à la mesure de son talent, sans être exposé à se voir ravir le premier des biens, l'honneur ? — Un tel attentat venant à se produire, est-il possible qu'il ne soit pas suivi d'un châtiment exemplaire ?

L'œuvre du publiciste qui, par esprit de parti ou par esprit de spéculation, porte une atteinte, même légère, au renom d'un homme de bien, est blâmable, odieuse, je dirai scélérate, car c'est du même coup le pays qu'elle amoindrit et c'est la patrie même. qu'elle abaisse. Mais elle doit soulever plus d'indignation et de mépris encore quand elle s'attaque à un homme comme celui que j'ai l'honneur de représenter devant vous.

Après avoir lancé, dans l'article du 13 mai, l'accusation que vous connaissez, Messieurs, on s'est aperçu que M. Burdeau, par un privilège enviable, avait, jusqu'ici, vécu dans une atmosphère d'estime universelle, et, comprenant tout de suite le péril, on a quêté, de maison en maison et de porte en porte, un mot équivoque, une allusion perfide d'où pût naître le soupçon. Aussi, mon premier mouvement, mon premier devoir est de vous dire quel est l'homme pour lequel je porte la parole, quel est le plaignant qui se présente ici avec une confiance entière, absolue, et dont vous vengerez tout à l'heure l'honneur indignement outragé.

Je ne crois pas que personne ait eu des origines plus humbles que M. Burdeau. Mais avec quel orgueil il aurait le droit de les rappeler ! Quel sujet d'orgueil aussi pour nous tous que l'histoire de cet essor, de cette évolution, qui l'ont tiré des rangs les plus obscurs du peuple pour le placer, je peux bien le dire, parmi l'élite intellectuelle de son pays !

Mon client est né à Lyon en 1851. Son père, un pauvre ouvrier tisseur, mourait l'année même de sa naissance en laissant cinq enfants, dont Auguste Burdeau était le plus jeune. La mort du chef, pour cette famille, ce n'était pas seulement la tristesse, c'était la misère ! Mais la mère encore vaillante, les aînés déjà laborieux firent tête à l'épreuve. On ne désespéra pas. Le travail de leurs mains nourrit ses premières années. Dès qu'un atelier peut s'ouvrir pour lui, il y entre comme apprenti. En même temps, il suit les cours de l'école primaire. Remarqué bien vite pour la grande vivacité de son intelligence, il est appelé à concourir pour obtenir une bourse d'externe au lycée ; en 1867, après un nouvel examen, il obtient une bourse d'interne.

D'ailleurs, fait bien rare et digne d'être rapporté : cet enfant, — ce n'était qu'un enfant, — comprenant déjà tous les devoirs de la vie, s'efforçait d'alléger les charges de sa famille. A treize ans, il donnait des répétitions (*Mouvement.*)

Après quelques années passées au lycée de Lyon, Auguste Burdeau, en 1869, prend part au concours général de philosophie et, dans cette épreuve si difficile, parce que toutes les jeunes intelligences françaises s'y donnent rendez-vous, il obtient le second prix. Il entre alors à titre de boursier au lycée Louis-le-Grand. En 1870, c'est le prix d'honneur qui lui est décerné au concours général de philosophie. Après un nouveau concours, dont l'Université a gardé le souvenir, il est reçu à l'École normale.

Nous sommes en 1870. Ce que je viens de dire laisse deviner quelle était la trempe de son esprit. Vous allez connaître quelle était son âme.

En 1870 surviennent des événements dont le souvenir est trop profondément gravé dans nos esprits pour qu'il soit nécessaire de les rappeler. Auguste Burdeau a dix-neuf ans ; il est élève de l'École normale, il est fils aîné de veuve. Une année perdue pour le travail, c'est une année de peine et de gêne de plus pour les siens ! Mais de telles pensées n'effleurent même pas son esprit. Il s'engage. Il est incorporé au 5e bataillon de chasseurs à pied. Il fait avec l'armée de l'Est toute cette inoubliable et tragique campagne qui demeure dans nos souvenirs comme un sujet d'éternelle douleur, mais aussi comme un gage d'espérance.

Blessé sur le champ de bataille et fait prisonnier, il est conduit en Allemagne et interné. Il s'évade une première fois, il est repris; jeté dans une casemate, il s'évade de nouveau et, cette fois, il peut rejoindre les débris de son corps.

C'est après la conclusion de la paix seulement qu'il rentre à l'École normale, et c'est là, lors de la séance de rentrée de cette École où la guerre avait fait plus d'un vide, que le Ministre de l'instruction publique lui remet, aux applaudissements de ses camarades, la décoration de la Légion d'honneur.

Voilà le passé, le premier passé de Burdeau, voilà les débuts de cet homme dont on dira, pour faire monter le tirage d'un journal, qu'il a l'âme assez vile pour avoir vendu les destinées de sa patrie, l'une de ses citadelles, car il ne s'agit, quand on parle de la Banque de France, de rien moins que cela !

Mais poursuivons. Sa vie tout entière vous appartient !

En 1874, il est reçu le premier au concours d'agrégation de philosophie. Il est nommé professeur au lycée de Saint-Etienne, puis envoyé à Nancy ; il vient ensuite à Paris, au lycée Saint-Louis, puis à Louis-le-Grand.

En 1881, Paul Bert le prend comme chef de cabinet au ministère de l'instruction publique. Il aurait peut-être pu, comme beaucoup d'autres, profiter de cette situation pour brûler les étapes. Non ! le ministère Gambetta tombé, il rentre simplement à Louis-le-Grand et remonte dans sa chaire de professeur, n'ayant pas franchi un degré de plus que ne comportait l'avancement hiérarchique.

En 1885, Burdeau est envoyé à la Chambre des députés par la ville de Lyon qui voit en lui l'un de ses plus illustres enfants.

Il est nommé six fois membre de la commission du budget, deux fois rapporteur du budget de l'instruction publique ; trois fois, et avec éclat ! il remplit les fonctions de rapporteur général du budget.

Ce n'est pas tout. Il aurait eu certainement le droit d'être ambitieux. Il est de notoriété publique — et ici je n'apprends rien à personne —

qu'en 1890 Burdeau refusait le sous-secrétariat des postes, qu'en 1891 il refusait le gouvernement général de l'Algérie, et qu'en 1892, dans le ministère qui est encore aujourd'hui au pouvoir, il refusait un portefeuille.

Pourquoi ces refus ? Pour une raison que je veux vous faire connaître, et qui est aussi honorable pour lui que tout ce que vous savez déjà de sa vie. C'est que, en effet, accepter alors ces hautes fonctions, c'eut été renoncer à la situation qu'il s'est créée dans le monde des lettres, compromettre les travaux auxquels sa famille doit la sécurité du lendemain, rompre avec les éditeurs qui l'ont accueilli.

Il est marié, il a trois enfants, il soutient sa mère avec laquelle il vit, et il rend en bien-être à une sœur aînée tous les sacrifices qu'il se rappelle lui avoir vu accepter pour lui quand il était jeune. Et voici, en effet, le labeur impitoyable auquel il s'est assujetti.

Il écrit à la *Revue politique et littéraire*, à la *Revue philosophique*, à la *Nouvelle Revue*, à la *Revue des Deux Mondes*, dans les journaux *le Télégraphe*, *le Globe*, *le Soir*, à la *Correspondance universitaire*.

En quelques années, il a publié trois volumes, traduits de l'Anglais Herbert Spencer : *Essais sur le progrès*, *Essais politiques* et *Essais scientifiques*. Il a publié trois autres volumes, traduits de Schopenhauer, le *Monde comme volonté et comme représentation;* puis un volume qui a fait dans le monde des lettres et de la philosophie une véritable sensation, l'*Alternative*, traduite de Clay. Il a publié des ouvrages sur les questions sociales contemporaines, un *Manuel de l'instruction morale à l'école*, un autre *Manuel de l'économie politique à l'école*, un autre volume, l'*Algérie en 1891*, objet d'un traité rémunérateur avec la grande maison Hachette.

Il prépare enfin un historique de tous les régiments français, ouvrage pour lequel il a traité avec l'éditeur Colin.

Ce n'est pas tout : il a encore accepté chez l'éditeur Picard la charge ingrate de reviser les ouvrages qui lui sont présentés.

C'est ainsi, Messieurs, que Burdeau a pu conquérir la situation qu'il occupe, et je n'exagère rien en disant qu'il a fait avec le travail un

pacte que lui seul peut-être pouvait tenir, de même que seul peut-être
il ne soupçonne point que sa vie présente l'exemple le plus admirable
de ce mouvement ascensionnel qui fait surgir des couches les plus
obscures de notre race ces écrivains, ces littérateurs, ces hommes d'Etat
ou ces hommes de guerre, qui ne sont pas seulement la parure virile de
notre pays, mais qui ont été et qui sont encore les agents décisifs de
son incroyable relèvement. (*Marques d'approbation.*)

Voilà ce que j'avais à dire de la vie de Burdeau; je n'ai pas fini,
cependant, ou plutôt je n'ai pas le droit de m'arrêter encore parce que
voici ce qui s'est produit depuis le 13 mai 1892.

Je vous disais tout à l'heure, Messieurs, qu'on avait été de porte en
porte pour chercher des rumeurs, des bruits, des commérages, avec
lesquels on pût élever contre lui je ne sais quelles préventions. On s'est
adressé à ses adversaires politiques, ils ont loyalement répondu qu'ils
considéraient Burdeau comme un homme d'honneur, et qu'il est de
ceux qui défient le soupçon. Mais un homme qu'animaient des raisons
personnelles et dont je me garderai, en prononçant son nom, de dimi-
nuer l'obscurité, a laissé tomber ces paroles :

« Les revenus, les ressources de Burdeau, je les ignore ! »

Messieurs, il y a là le germe d'une calomnie sur laquelle il faut
mettre le pied. Mais avant de violer jusqu'au bout cette intimité dont
il ne semblait pas qu'il fût un homme condamné à en livrer le secret,
comment ne pas dire quelle indignation j'éprouve en présence d'excès
qui ne permettent même plus de tenir fermé l'asile de la famille, le
sanctuaire de la vie privée?

Allons ! on ne dira plus que l'on ignore quelles sont les ressources
de M. Burdeau, parce que je vais, messieurs, vous les faire connaître ;
et, en vérité, n'en savez-vous pas déjà quelque chose, maintenant que
vous avez pu mesurer l'œuvre énorme accomplie par lui? On ne me
demandera pas de remonter à l'époque de ses épreuves les plus dures.
Voici le budget de M. Burdeau pour la période de 1881 à 1885, voici
quelles sont ses ressources ; et vous comprenez bien que quand on a,
comme lui, livré bataille à la misère, c'est une œuvre facile que d'en

reconstituer les éléments, parce que tout, dans une vie semblable à la sienne, doit être rigoureusement calculé, compté, mesuré.

Voici le tableau de ses revenus de 1881 à 1885 : traitement de professeur, 6,500 fr. ; leçons, 3,000 fr. ; travaux de rédaction au journal le *Télégraphe*, au *Bulletin de la Correspondance universitaire*, articles de revues, 9,000 fr.

Il est en outre reviseur, comme je l'ai indiqué, chez l'éditeur Picard, et il a les produits de la vente de ses manuels, 3,500 fr., au total 22,000 fr.

Voici, pour la période de 1886 à 1890, l'état de ses revenus :

Il entre à la Chambre en octobre 1885 : son indemnité de député, 9,000 fr. ; traitement de rédacteur au *Globe*, à l'*Education nationale* et au *Soir*, articles de revues, 12,000 fr. ; revenu du *Manuel* et produit de la vente chez Félix Alcan, 3,000 fr. ; total, 24,000 fr.

En 1891 : indemnité de député, 9,000 fr. ; travaux de rédaction au *Globe*, à l'*Education nationale*, au *Soir* et dans les revues, 12,000 fr. ; produit des manuels, 3,000 fr. ; publication de l'ouvrage l'*Alternative*, 5,000 fr. Au total, 28,000 fr.

Il a fait avec la maison Hachette un traité qui lui assure la moitié du produit net de la vente de son ouvrage sur l'Algérie ; avec l'éditeur Colin, un autre traité qui lui assure un minimum de 3,000 fr. par an.

Parti de 22,000 fr. en 1885, il arrive à 28,000 fr. en 1891. Voilà ses recettes ! Faudra-t-il maintenant dire ses dépenses ? dominer le sentiment de révolte qu'on éprouve à subir de pareilles inquisitions ? (*Mouvement.*)

De 1881 à 1885, avec un loyer de 2,000 fr., l'ensemble des dépenses atteint 15,000 fr. De 1885 à 1890, avec un loyer de 3,000 fr., il dépense 17,500 fr. En 1891, avec un revenu de 28,200 fr., le total des dépenses atteint le chiffre plus élevé de 22,000 fr.

Il a pu quitter les quartiers excentriques, se rapprocher de ce Paris où il s'est fait une place, augmenter le bien-être de ceux qui l'entourent à mesure que son travail devenait plus lucratif. Ceux d'entre nous dont les pères s'élevèrent ainsi par la puissance du travail se rappellent avec quelle joie ils nous ont fait goûter les biens qu'ils n'avaient pas connus ; les joies qu'ils nous ont données furent leur récompense, et il n'est déjà personne dans cette audience qui ne pense, comme moi, que personne plus que M. Burdeau n'a mérité de connaître cette ineffable satisfaction.

Cette fois vous connaissez bien M. Burdeau !

Oui, c'est cet homme dont un matin, pour relever le ton d'un article, toujours le même, et dont il fatigue la patience de ses lecteurs, M. Drumont écrira qu'il a vendu son honneur ! C'est trop d'audace pour qu'il puisse compter non pas sur l'impunité, mais sur quelque indulgence !

Il me faudra, Messieurs, beaucoup moins de temps pour vous faire connaître la personne du prévenu.

De M. Drumont, je ne sais et ne veux savoir qu'une chose, c'est qu'il est un diffamateur. Il est un diffamateur d'habitude.

Il y a des écrivains de bien des genres : les uns font des romans, les autres font de la philosophie ; M. Drumont fait de la diffamation.

S'il n'a pas découvert, il a du moins exploité avec une ardeur sans pareille ce filon, ce goût, le plus bas qui soit dans la nature humaine, le goût du scandale, cet instinct, qui semble un legs de sauvagerie, qui ne se réjouit qu'à voir abaisser ce qui s'élève, ternir ce qui est glorieux, salir ce qui est pur. Et, comme M. Drumont a produit beaucoup de volumes, il a produit beaucoup de diffamations ! Dieu me garde d'entr'ouvrir devant vous ce qu'il appelle son œuvre. (*Très bien ! très bien !*)

J'ai voulu la parcourir pour savoir s'il était un homme ayant jeté sur son pays quelque éclat, ou rendu quelques services, sur qui son génie diffamateur n'eût pas déversé quelque opprobre, et je ne l'ai pas trouvé ! Car si, à ses yeux, l'un de ceux-là n'est point à vendre, c'est que déjà il s'est vendu !

Pour ne s'éveiller ainsi qu'en préméditant une injure, et pour ne s'endormir chaque soir que sur un outrage, Drumont a-t-il du moins l'excuse de la passion politique ? Mais quel est donc le parti qu'il aurait épargné ? A-t-il l'excuse de la passion religieuse ? Il a dit des chefs de cette Eglise, qu'il prétend servir, ce que ses plus implacables ennemis n'oseraient proférer.

Du représentant du Pape, du nonce, il a dit ceci :

Le nonce, en haine de moi, met sa main *dans la main de Léo Taxil* qui, alors, faisait distribuer dans les rues des billets de la Sainte-Farce, où des curés faisaient des horreurs à des sœurs de charité. *Pour ce prélat, qui préfère le Veau d'or à Jésus-Christ, l'ennemi, c'est moi.*

De l'archevêque de Paris il a écrit cette gentillesse :

C'est une merveille encore une fois que cette note où tout est pesé par la *Haine,* savamment dosé par la *Méchanceté* et la *Ruse.* Il n'y a que des archevêques et des évêques qui sachent rédiger des notes comme celle-là.

Et du haut clergé en général il a écrit :

On ne peut pas tout dire, sous peine d'être accusé d'exagération, mais il y a évidemment des traîtres dans les hautes sphères de l'Eglise, des prélats affiliés aux arrière-loges de la maçonnerie.

Alors, c'est dans une inspiration plus générale que Drumont puise l'excuse que je cherche, c'est je ne sais quel amour immodéré de son pays qui l'entraîne ? Il gémit sur ses ruines, sur sa corruption, mais il l'aime ?

Allons donc ! De ce pays, Drumont a tracé un tableau qu'on ne ferait pas d'un mauvais lieu !

Des représentants du pays dans le Parlement, de droite comme de gauche, il dit ceci :

La Gauche forme un *magma putride,* une large mare fétide, où pousse toute la flore pestilentielle spéciale au Palais-Bourbon, la corruption, le vol, la *prévarication, la trahison.*

Sur la Droite il s'exprime ainsi :

Les conservateurs aiment le sang versé par les autres. Ils s'approchent de la flaque, y trempent leurs doigts et disent à ceux qui ont tué : « Voulez-vous me permettre d'y goûter ? »

Au fond, quelques-uns de ces gentilshommes semblent avoir été conçus dans des soupentes : ils ont des âmes de portiers.

En voici trop !

J'ai voulu vous donner une idée des excès auxquels la plume de M. Drumont s'emporte et justifier ce que j'avais dit au début de cette partie de mes observations, qu'il n'est point seulement un diffamateur d'habitude ! Il est surtout un diffamateur merveilleusement exercé !

Avec lui, rien de vague; quand il s'agit de salir et de déshonorer un homme, il excelle à parer la calomnie des traits les plus précis, et nous en avons eu à cette audience un exemple bien remarquable.

Un témoin est venu et vous a parlé, Messieurs, de ce qui se serait passé à la Banque de France, au moment de l'émission de l'emprunt russe. Ce témoin racontait des propos recueillis, disait-il, de la bouche d'un employé.

On lui a posé cette question :

« Avez-vous entendu dire que c'était M. de Rothschild qui avait donné les ordres en question ? »

Il répond : « Non ! »

Et M. Drumont de s'écrier alors :

« Mais c'est vous qui m'aviez renseigné ! »

Voilà donc la source de ce que M. Drumont a écrit à propos de l'emprunt russe. Voyez alors ce qu'il fait de ce récit incolore !

Il représentera M. de Rothschild passant à l'ambassade d'Allemagne pour prendre, ô bassesse ! les ordres de l'ennemi; revenant à bride abattue, à la Banque, il vous montrera les chevaux de son coupé trempés de sueur; alors il descend, il entre et il donne des ordres immédiatement obéis.

Voilà le genre ! Voilà la marque de ce grand maître en fait de calomnies !... Et de même, quand il s'agira de déshonorer Burdeau, il mettra en scène avec une venimeuse habileté le crime dont il l'accuse.

Il ne lui dira pas : Votre conduite justifie tous les soupçons, autorise toutes les accusations ! Il substituera aux déclamations le récit circonstancié; il dira comment, à quel moment, à qui Burdeau s'est vendu et, pour forcer la conviction des plus incrédules, il fera paraître le valet de pied qui vient apporter le rapport tout fait auquel Burdeau a perdu le droit de refuser sa signature.

Voilà l'homme, sa méthode, son œuvre ! (*Mouvement prolongé.*)

Il ne me reste plus qu'un mot à lui dire. Quand on a le malheur de juger son pays comme il le juge et quand on se dit un justicier, si l'on croit devoir publier de pareilles choses, on n'a qu'une excuse : c'est de ne pas en vivre ! On se fait artisan ou manœuvre : on les donne, on ne les vend pas !... (*Applaudissements.*)

Vous connaissez le plaignant. Vous connaissez Drumont. Voici maintenant la diffamation.

Elle est contenue dans le numéro du 11 mai 1892. Il renferme deux parties.

Il y a ce que j'appellerai le corps du délit, la diffamation proprement dite — puis la préparation savante, les détails, les accessoires formant un cadre ingénieux, le tout établi pour concourir à donner aux lecteurs l'impression qu'ici il ne s'agit pas d'une polémique ordinaire, mais d'affirmations catégoriques : on n'accuse pas, on raconte.

Voyons d'abord le corps du délit :

Quand un homme un peu encombrant n'a pas réussi à être ministre, on le dédommage en lui donnant un rapport à faire sur une question financière. On sait ce que cela veut dire, et tous les camarades viennent faire leurs compliments à l'heureux rapporteur comme s'il lui était tombé un héritage. Cela équivaut à un bon sur la cassette ou à une délégation sur les fermes sous l'ancien régime.

Par conséquent, quand on donne un rapport à faire à un homme encombrant, on lui met en mains — tout le monde le comprend — le moyen de se restituer contre l'injustice du sort ; il se fera payer, c'est une délégation sur la caisse de M. de Rothschild.

Voilà la première partie de l'article.

Voici la seconde :

Les comptes détaillés du Panama, qu'on ne publiera jamais, pourraient seuls nous apprendre ce qu'a rapporté à Henry Maret son rapport sur le Panama. Je n'ai pas d'inquiétude sur Burdeau, et je suis bien certain qu'en concluant au renouvellement du privilège de la Banque de France il a mis sa vieillesse à l'abri et conquis le droit de vivre de nos rentes...

Mais il s'agit maintenant de fortifier cette accusation, de la faire entrer jusque dans les esprits les plus paresseux ou les plus rebelles par quelque détail qui frappe vivement les imaginations. — C'est là le talent de l'écrivain !

Or, M. Burdeau a tellement vendu sa conscience qu'il n'a même pas conservé le droit de rédiger son rapport !

M. de Rothschild commande et le mercenaire obéit !

Généralement le bénéficiaire du rapport n'est pas tenu de cuisiner lui-même, on lui expédie le document cuit à point. Burdeau, d'après ce qu'on raconte, aurait voulu rédiger lui-même, mais on n'a pas été content de son travail, et Rothschild lui a envoyé, par un valet de pied, le rapport tout préparé.

Tout à l'heure, c'étaient les chevaux baignés de sueur de M. de Rothschild qui s'arrêtaient à la porte de la Banque de France.

Cette fois, c'est le valet de pied de M. de Rothschild qui apporte toute préparée à M. Burdeau l'œuvre abominable dont il a reçu le prix d'avance !

Je ne m'arrête pas à établir qu'il y a là tous les éléments de la plus abominable des diffamations. Nous aurons à rechercher tout à l'heure comment aujourd'hui M. Drumont entend sa défense, comment il recule devant la preuve qui lui est imposée et cherche à se réfugier dans le domaine des considérations générales.

Nous venons de voir comment M. Burdeau a été acheté, payé et comment il s'est vendu. Mais pourquoi s'est-il vendu ? Pour se prêter à l'œuvre la plus abominable qui se puisse concevoir, à un véritable crime de lèse-patrie.

Le projet de loi sur le renouvellement du privilège de la Banque de France intéresse l'existence même du pays. Tel qu'il est, il compromet notre sécurité en mettant toutes les ressources de la France entre les mains d'un juif de Francfort; il prive tous les travailleurs français, les petits commerçants, les ouvriers, de l'appui qu'ils devraient trouver dans un établissement national.

Puis l'article se termine par les considérations que voici et qui sont dignes de l'élévation d'esprit de l'écrivain :

Il est probable, en effet, que Burdeau étant éclairé *a giorno* par les Rothschild, ne me réclamera pas le supplément de lumières que je lui offre et que, si j'insistais, il me répondrait comme un de ses amis :

« Ma foi ! mon cher, il faut prendre son temps comme il est. Les femmes qui, au printemps de la vie, sont simplement pour nous des êtres chers, deviennent, à l'automne, des êtres coûteux... Personne ne nous saurait gré d'être honnête à une époque où tout le monde est corrompu... Il est évident que cela finira par une catastrophe, mais, d'ici là, nous aurons bien joui de l'existence... Au bout du fossé la culbute. »

J'ai retenu votre attention sur ce récit du valet de pied apportant à M. Burdeau un rapport tout fait. La *Libre Parole* est revenue sur cette affirmation par des explications qu'elle a cherché à accréditer, et, dans le numéro du 11 juin dernier, elle s'est fait adresser une lettre, une sorte d'expertise sur la question de savoir si le rapport est ou n'est pas de M. Burdeau, et le morceau se termine ainsi :

Quel peut être l'auteur de ce rapport? On le devine. Mais il ne m'appartient pas de le désigner nommément.

Il est assurément le porte-parole de ceux ou même un de ceux qui, ayant dans la direction de la Banque de France une action prépondérante, soit comme délégué du gouvernement, soit comme représentant des actionnaires, ne poursuivent qu'un but, servir leurs intérêts personnels d'abord, ceux de l'État ensuite, et, en tout état de cause, soustraire à un contrôle légitime les actes de leur gestion administrative et financière.

Is fecit cui prodest.

De même, dans le numéro du 26 mai, la *Libre Parole* maintiendra avec la même audace que M. Burdeau a reçu de l'argent.

En lisant ces articles, vous penserez, comme nous, que pour que la vision d'un homme soit ainsi troublée tout à coup, il faut qu'il ait reçu un *bouche-l'œil* de proportions exceptionnelles, un *bouche-l'œil* qui boucherait l'œil énorme d'un Polyphème...

En voilà bien assez, et peut-être déjà trop, pour établir à quel point la diffamation est précise, et quelles sont les idées sur lesquelles cette diffamation repose.

L'article, dans la partie la plus substantielle, dans celle qui est relevée comme contenant le délit, contient cette indication très nette que M. Burdeau a vendu son influence de rapporteur.

Cette idée a même été soulignée à l'audience, et j'ai pris soin qu'elle le fût — vous verrez pourquoi — par un des témoins, M. de Morès, qui a dit ceci : « J'ai entendu quelqu'un s'étonner de ce que M. Burdeau fît traîner le dépôt du rapport. Il retarde ce dépôt, a dit son interlocuteur, parce qu'il veut se faire acheter. » C'est donc, ne l'oubliez pas, entre sa nomination de rapporteur et le dépôt du rapport qu'il s'est vendu.

C'est ainsi que M. Drumont écrivait le 13 mai :

« Quand on veut dédommager quelqu'un, on lui donne un rapport à faire. » M. Burdeau s'est offert, il s'est mis aux enchères, et quand le prix offert a été suffisant, il s'est vendu.

On ne dit pas que ce soit un homme vénal, on précise à quelle personne il s'est vendu, c'est à M. de Rothschild, et j'ajoute — c'est un point sur lequel j'insisterai toujours — que la livraison qu'il faisait de sa conscience était si totale, si absolue, que M. de Rothschild avait le droit de lui imposer un rapport qui était son œuvre.

Eh bien ! Messieurs, ces accusations sont d'autant plus abominables que M. Burdeau, en 1883 et 1884, comme il le dira en 1891 dans son rapport, a proclamé que livrer les destinées de la Banque de France, c'est livrer les destinées même de la patrie ! Elle est en temps de paix la gardienne de l'épargne française, en temps de crise elle est la suprême ressource, et seule elle peut empêcher les ruines de s'entasser sur les ruines. En temps de guerre, elle est le trésor de la défense nationale. Livrer la Banque, c'est livrer l'avenir, c'est livrer la patrie !...

Voilà ce dont M. Drumont a osé accuser M. Burdeau !

Cependant la loi lui accordait une ressource, elle lui imposait un devoir :

Il devait établir le honteux marché dont il a osé affirmer l'existence, amener ici quelqu'un qui pût dire : Si je n'ai pas été témoin du marché, du moins je puis en affirmer l'existence !

Cet homme qui eût pris à son compte la responsabilité de l'injure, l'a-t-il fait paraître ?

Dix-huit témoins ont été mandés à votre barre, Messieurs les jurés.

Pendant cinq heures d'audience, vous avez dû entendre les dépositions les plus étrangères au débat ! Il ne s'est pas trouvé un seul témoin qui osât émettre sur la réalité, que dis-je? sur la possibilité d'un pareil acte, une conjecture, une probabilité !

On a fait le procès de la finance... On a dit de la Banque Rothschild ce qu'il est d'usage d'en dire au Tivoli-Wauxhall. On vous a parlé des spéculations sur les métaux, du Comptoir d'Escompte. Celui-ci vous a dit ses rancunes contre la Banque de France; cet autre vous a rendu compte du mandat sénatorial que les électeurs ont refusé de lui confier. (*On rit.*) Mais notre procès, qui est-ce qui en a parlé? Où est-il ce témoin que vous me devez, ce témoin que j'attends encore, ce témoin qui devait confirmer vos paroles odieuses? (*C'est cela ! — Très bien !*)

Vous ne l'avez même pas cherché! Et vous ne l'avez pas cherché parce que vous étiez bien résolu à agir ainsi; la preuve en est dans ce que vous écriviez le 23 mai dernier.

Messieurs, je m'occupe de l'honneur de M. Burdeau et je suis convaincu que vos consciences n'ont pas d'autre souci; eh bien, d'après M. Drumont, nous ne sommes pas dans la question. La question, il va nous dire où elle est :

Quelle opinion des jurés, c'est-à-dire des citoyens libres, ont-ils de ce système juif qui démoralise et qui ruine la France? Comment ont-ils été impressionnés par tant de catastrophes, de crimes impunis, de cyniques coups de Bourse? Quel est leur état moral à eux-mêmes?

Tout le procès du 14 juin est là.

Il ne faut pas se dissimuler qu'on a essayé de mettre tout au moins garnison dans cette forteresse du jury qui pourrait, comme tant d'institutions, rendre d'immenses services à la morale publique.

Ainsi, après avoir accusé M. Burdeau d'être un vendu, on imprime, de la même encre, que la question qui se tranchera le 14 juin, ce sera celle de savoir si la haute banque n'a pas fait beaucoup de mal à ce pays. On discutera cette controverse et vous vous prononcerez sur cette question : La banque juive est-elle funeste pour la France ? Et quant à la question qui amène ici l'homme placé à mon côté, quant à la question de savoir s'il aura le droit de sortir d'ici la tête haute, ne vous occupez pas de cela ! Il s'agit simplement pour M. Drumont d'ajouter, sous forme de comédie judiciaire, un chapitre de plus à la *France juive* ou au *Testament d'un antisémite !*

Eh bien ! c'est là une dérision. Je ne me lasserai pas de ramener M. Drumont à ce dilemme inflexible : Vous prouverez que M. Burdeau s'est vendu ou vous ne sortirez d'ici que marqué au front du sceau du calomniateur ! (*Vifs applaudissements.*)

En ce moment, aujourd'hui, à cette heure, il ne s'agit pas de savoir si des gens vendent leur conscience, si des établissements financiers achètent des journaux. Faites-leur le procès, à merveille ! vous discuterez avec eux, et il ne vous sera pas nécessaire de dresser une nouvelle liste de témoins ! La liste de ceux que nous avons entendus est tout indiquée pour un procès de ce genre.

Mais, encore une fois, là n'est pas notre procès. Une fois de plus, je vous le répète, vous ne vous déroberez pas !

M. Drumont, il est vrai, ne s'est pas contenté de citer des témoins. Il invoque à sa décharge des pièces. Quelles pièces ? Huit articles écrits par M. Burdeau dans le *Globe*. A quelle date ? En 1883 et 1884 !....

Que des articles écrits en 1883 et 1884 puissent établir que M. Burdeau s'est vendu à M. de Rothschild en 1892, c'est ce que ma faible raison se refuse à concevoir.

A quelle pensée cette production répond-elle ? Il n'est pas difficile de le pressentir. Voyez, dira-t-on, combien M. Burdeau, en 1883 et 1884, professait une opinion différente de celle qu'il a défendue en 1891 et 1892. Quel désaccord entre ses opinions d'hier et celles d'aujourd'hui !...

Si M. Drumont se fût borné à dire que M. Burdeau n'est pas resté d'accord avec lui-même, qu'il est un homme absolument versatile, changeant d'idées au gré de sa fantaisie ; si même M. Drumont se fût borné à dire que de telles contradictions justifient tous les soupçons ; si, en un mot, il avait soumis au public ce raisonnement : M. Burdeau ne dit pas en 1891 ce qu'il disait en 1883 et 1884 ; il y a donc de fortes raisons de penser qu'il a subi certaines influences, c'est au bon sens public que nous en aurions appelé et non point à cette haute juridiction.

Mais cela n'eût pas plus suffi à soulever le scandale qu'il recherche qu'à motiver des poursuites. Il fallait aller plus loin. On n'insinue pas, on affirme.

M. Burdeau s'est fait nommer rapporteur dans le but de trafiquer de son rapport. Il s'est fait acheter, on lui a remis ce rapport tout fait. Un valet de pied a servi d'intermédiaire. Voilà ce qu'on imprime !...

S'il y avait d'ailleurs le moindre intérêt à rechercher si vraiment les articles du *Globe* ont été de quelque poids dans la balance de M. Drumont, je pourrais dire qu'il ne les connaissait même pas le 13 mai.

Dans un article du 7 juin qui n'est pas signé, dont le rédacteur en chef, par conséquent, accepte la responsabilité, je trouve ces lignes :

On pensait bien que M. Burdeau voulait profiter de sa mission.

Nous n'avions jamais lu les travaux de M. Burdeau.

Des amis sont venus nous les signaler, dès que la *Libre Parole* fut traduite en Cour d'assises par M. Burdeau.

Oh ! je sais bien que M. Drumont, le lendemain, a cherché à reprendre cet aveu. Dans une lettre où, pour la première fois, il fait apparaître le nom de l'auteur de l'article, il écrit :

Soisy-sous-Étiolles, 7 juin 1892.

Mon cher Boisandré,

Je lis à la campagne le très intéressant article : les *Métamorphoses de Burdeau*, dans lequel la *Libre Parole* a mis en relief les étranges contradictions de mon adversaire.

Permettez-moi, cependant, de vous signaler une phrase qui pourrait prêter à équivoque. Avant de rien publier sur M. Burdeau, j'avais pris connaissance des articles du *Globe* qui m'avaient été communiqués par Morès et qui ont en partie déterminé ma conviction.

Le jury appréciera.

Il ne me paraît pas que cette affirmation de la première heure, à savoir que l'auteur ne connaissait pas les premiers articles du *Globe*, soit beaucoup affaiblie par cette déclaration, mais je passe.

Quelle est donc cette campagne faite par M. Burdeau, dans le *Globe* ?

Laissez-moi vous dire que nous sortons du procès; mais comment ne pas sortir d'un procès qui n'a pas été abordé par le prévenu? Comment ne pas le suivre en dehors de ce qui est le périmètre naturel de la discussion? Avez-vous reproché à M. Burdeau d'avoir trahi son opinion dans un but méprisable? Avez-vous insinué que de ses contradictions on peut tirer certaines conséquences?

Non! Vous avez dit : J'affirme que je connais un fait et je le raconte; je ne suppose pas que M. Burdeau s'est vendu, je dis qu'il s'est vendu et dans quelles conditions le marché a eu lieu.

Je me place donc en dehors du procès, quand j'examine ce qu'a été cette campagne du *Globe*. Et cependant, Messieurs, cet examen n'est pas aussi en dehors du procès qu'on pourrait le croire, parce que je ne sais pas de moyen plus démonstratif d'établir avec quelle mauvaise foi Drumont a soutenu ses calomnies de la première heure, en parlant de cette campagne du *Globe*.

Quel est ce journal? Le *Globe* est un journal d'économie politique, s'adressant à un public spécial qui a lui-même l'intelligence des choses économiques.

On avait dit que le *Globe* était dans les mains d'un financier fort connu, M. Donon. De là à conclure que M. Burdeau avait avec M. Donon des rapports d'argent, il n'y avait qu'un pas. Mais cette question est vidée maintenant. Vous avez entendu MM. Moreau et Mercet, liquidateurs de la Société de dépôts et comptes courants; ils vous ont fait connaître la situation de M. Burdeau au *Globe*. Entre cette Société et le journal *le Globe* il y a eu un compte de chèques; le journal a son compte courant à la Société de dépôts, qui est le banquier du *Globe*. De même qu'un particulier peut avoir un banquier, chez qui il verse ses fonds, le *Globe* verse ses recettes dans la caisse de la Société de dépôts et tire des chèques pour payer ses créanciers et ses fournisseurs.

Il n'y a pas là d'autres relations que celles d'un négociant avec un journal, qui est un négociant lui-même.

Quant au rôle de M. Burdeau, vous savez combien les affirmations de M. Moreau ont été nettes. Il a déclaré avoir vu toutes les signatures données par M. Burdeau, et il n'est pas une d'elles qui ne représente des dépenses faites pour salaires dus ou appointements payés. De même que M. Burdeau, rédacteur en chef, se paye en tirant un chèque sur la Société de dépôts, de même il donne à ses rédacteurs des chèques pour acquitter leur traitement.

M. Burdeau est donc resté absolument étranger à toute la partie financière du journal et il n'a reçu que les sommes qu'il aurait pu recevoir de la première banque venue, si une autre maison eût été le banquier de ce journal.

Mais M. Burdeau a publié huit articles, en 1883 et 1884, consacrés à la Banque de France. Sur quels points sa critique a-t-elle porté ? Sur l'institution de la Banque de France ? Sur le privilège qui lui a été accordé d'émettre des billets de banque ? Sur son organisation ? Sur le partage d'attributions fait entre les représentants du Gouvernement et les représentants des actionnaires ?

Jamais dans ces huit articles, dont un, entre parenthèses, n'est pas de M. Burdeau, on ne trouvera des attaques contre le principe de l'institution. De plus, M. Burdeau y déclare qu'il considère la Banque de France comme une institution absolument essentielle, bien organisée et nécessaire au pays.

De telle sorte que tout ce qui touche à l'organisation de la Banque de France, dans les conditions où elle fonctionne depuis presque le commencement du siècle, tout cela est laissé par M. Burdeau en dehors de sa polémique. Sur ce point il n'a jamais varié.

Mais en 1883, — et c'est là une circonstance que la *Libre Parole* a jugé utile de laisser ignorée de ses lecteurs — en 1883, la Banque de France s'écarte de certaines règles de prudence qui avaient toujours fait sa force. M. Burdeau et tant d'autres l'y rappellent avec vivacité.

Leur critique portait juste.

Dès l'année 1885 la Banque de France revient à ses traditions et rentre dans la sphère d'opérations où elle s'était toujours tenue jusqu'en 1883, et, en 1891, M. Burdeau, n'ayant plus à critiquer un seul des faits qui avaient appelé son attention en 1883, donnera son approbation au projet du Gouvernement.

Un mot sur ce projet. Assurément je n'instituerai pas ici une chaire d'économie politique ; moins encore, déplaçant les rôles, allons-nous traiter la question de savoir si le projet du Gouvernement est bon ou mauvais. Mais enfin il y a des circonstances qui, au point de vue de la bonne foi, dominent tellement l'esprit que, quelque parti qu'on ait pris de ne point s'écarter du débat, il faut les mentionner, parce que plus tard elles vous échappent.

Voyons ! Ce pays a un commerce qui a ses représentants ; il a une industrie qui a également ses représentants autorisés. Des Chambres de commerce et des Chambres consultatives sont instituées ; et vous n'apprendrez pas sans étonnement que ce projet infâme, que M. Burdeau n'aurait approuvé que parce qu'il a reçu de l'argent, a été soumis à la plus large des enquêtes et a recueilli l'adhésion de l'unanimité des Chambres de commerce et des Chambres consultatives, appelées à formuler nettement leur opinion.

Toutes ces Chambres, tous ces Conseils qui représentent les intérêts les plus vivants du pays, ont manifesté un même sentiment, une même adhésion. Cependant ils ont formulé quelques réserves et ce ne sera pas, Messieurs, étant donnée l'accusation, l'une de vos moindres surprises que de voir M. Burdeau, en même temps qu'il se range à l'opinion de toutes les Chambres de commerce, se faire dans son bureau et dans la commission le défenseur scrupuleux et victorieux de tous les vœux émis par ces représentants les plus considérables de l'industrie et du commerce.

Mais précisons les critiques qu'il a formulées en 1883 et 1884.

Ici, je suis obligé, bien à contre-cœur, Messieurs, de faire un peu d'économie politique.

Il me faut parler du billet de banque. Tout le monde connaît ce billet. La Banque de France en fait l'émission de deux manières ; elle fait, en ce qui concerne le billet de banque, deux opérations. Pourquoi ? Parce que le public a lui-même avec la Banque de France deux sortes de rapports bien différents : ou bien il lui apporte du numéraire, or ou argent, et chaque fois que la Banque reçoit des louis d'or ou des pièces d'argent, elle remet, en échange, une somme équivalente en billets de banque.

Ou bien il apporte à la Banque de France des effets de commerce, son papier, qu'il négocie pour recevoir de l'argent. La Banque lui remet des billets et garde ses effets de commerce ; de telle sorte que, dans cette opération, le billet de banque n'est représenté que par du papier commercial.

Il tombe sous le sens du moins érudit, du moins instruit dans les choses économiques que ces deux opérations sont de très inégale conséquence.

Quand la Banque remet des billets contre de l'or, l'opération ne comporte aucun risque. A ceux qui lui rapporteront les billets qu'elle a émis, elle rendra l'or ou l'argent qu'elle a reçu. J'ajoute qu'elle ne peut pas mesurer le nombre des billets qu'elle émettra contre du numéraire, parce que le principe de sa charte, c'est qu'à toute personne apportant du métal elle doit son papier.

Il en est autrement quand en échange d'un billet de banque elle reçoit un effet de commerce. Dans une période calme, elle ne court sans doute aucun danger, car elle n'accepte que des effets sérieux ; ils conservent toute leur valeur. Ils sont payés à l'échéance en numéraire, et la Banque retrouve ainsi en argent la valeur des billets qu'elle avait délivrés et qu'elle devra rembourser. Mais il faut tout prévoir. Il peut se produire une crise, une secousse économique ; il peut arriver que ces effets de commerce, qu'on croyait excellents, soient difficilement réalisables. Alors la Banque cesse d'avoir en caisse la provision nécessaire pour faire face au remboursement de ses billets. Or, voici ce qui s'était produit au moment où M. Burdeau a fait au *Globe* la campagne qui nous occupe.

De 1879 à 1881, la Banque de France avait en circulation 1 milliard 972 millions de billets émis contre du numéraire or et argent ; elle n'avait en circulation que 329 millions de billets émis contre des effets de commerce; de telle sorte que cette seconde partie de sa circulation ne représentait que 16 0/0 de l'ensemble de son émission.

Cette situation était proclamée à l'envi, en France et à l'étranger, exceptionnelle et admirable.

Mais, en 1882, les choses changent. En 1882, la Banque de France a en circulation 1 milliard 823 millions de billets émis contre du numéraire et 752 millions de billets émis contre des effets de commerce.

Ainsi, tout à l'heure nous étions en présence d'un chiffre de 309 millions ; nous atteignons maintenant le chiffre de 752 millions, ce qui représente 41 0/0 de la circulation totale.

En 1883, cette proportion se maintient. Sans doute, dans la situation actuelle, les effets de commerce valaient de l'or. Mais, qu'il survint une secousse, une crise, et la Banque de France était en face d'un véritable péril.

Ce n'est pas tout. Ce découvert avait encore une autre cause. On l'a dit à la tribune, et je ne divulgue pas un secret, le Gouvernement avait successivement demandé, contre remise de bons du Trésor, des sommes plus importantes qu'à aucune autre époque, sauf en 1870.

C'est en présence de cette situation que M. Burdeau s'effraye. Toute une partie du portefeuille de la Banque est soumise aux risques que la moindre secousse politique peut faire surgir. Toute une partie de ses billets n'a plus de contre-partie certaine échappant à tous les hasards. Il montre qu'en temps de crise le papier de la Banque deviendrait des assignats !

Mais est-il le seul à tenir ce langage ?

M. Leroy-Beaulieu, dont le nom est assez connu dans le domaine de l'économie politique, écrivait ces lignes :

On se croirait vraiment revenu soit à la fin du siècle dernier, soit en plein moyen âge, tellement on prête au Gouvernement des fantaisies étranges.

. . . .

Dans quelle tête folle ont-elles pu éclore ? Est-ce que par hasard on voudrait refaire de la fausse monnaie, comme au temps de Philippe le Bel ? ou bien voudrait-on rétablir graduellement les assignats en empruntant à la Banque son dépôt de bons du Trésor, etc. ?

Tout l'article est du même ton. Assignats! Fausse monnaie! Voilà les expressions dont se sert un esprit calme, un économiste fort estimé, en présence des dangers que présente la circulation de la Banque de France.

Parmi les économistes financiers, il est un homme dont le nom est universellement connu, M. Neymarck. Dans son journal *le Rentier*, il adresse à la situation de la Banque de France exactement les mêmes critiques, critiques reproduites dans les *Débats*, dans le *Parlement* et dans la *France*. Tout le monde était unanime sur ce point.

Cependant qu'ont fait ces écrivains, ces publicistes, en 1891? Ont-ils été, eux aussi, achetés par M. de Rothschild? Celui-ci a-t-il été vers eux la main pleine d'or pour acheter leur conscience? Or, ces économistes vont faire exactement ce que M. Burdeau a fait dans son rapport. Autant ils critiquaient en 1883, autant ils approuvent énergiquement le projet déposé par le Gouvernement, en 1891, projet auquel ils applaudissent d'autant plus que toutes les modifications proposées par M. Burdeau le rendront meilleur et plus fructueux pour l'épargne française.

Dans l'*Économiste français* du mois de juin 1892, M. Leroy-Beaulieu écrit :

Nous engageons la Chambre à voter cette prorogation jusqu'au 31 décembre 1920, ce qui donne vingt-trois ans au delà de la période actuelle; il faut une longue durée pour qu'un établissement de ce genre puisse étendre ses services et consentir tous les sacrifices auxquels la Banque s'est résignée. L'universalité des Chambres de commerce a demandé le vote de la proposition de loi. Les autres associations plus démocratiques de commerce se sont aussi prononcées en ce sens.

Tout ce numéro n'est qu'un long appel aux députés pour leur montrer qu'il est bon de voter le projet de loi.

Dans un autre numéro, je trouve la raison d'être de ce changement, le motif du fait qui ne permet plus la polémique de 1883 :

Depuis plusieurs années, l'écart est devenu beaucoup plus faible entre l'encaisse des banques nationales, notamment de la Banque de France, et la circulation des billets.

On doit louer le Gouvernement de n'avoir rien voulu changer à l'organisation même de la Banque et à ses principaux rouages.

C'est là une approbation totale, absolue.

Et M. Neymarck? Il donne aussi son adhésion sans réserve ; dans un article du 27 mars 1892, il s'exprime ainsi :

La commission de la Chambre, chargée d'examiner le projet relatif au renouvellement du privilège de la Banque, s'est réunie vendredi sous la présidence de M. Léon Say, pour entendre lecture du rapport de M. Burdeau. Nous avons fait précédemment connaître les conclusions de ce rapport que la commission avait adoptées au mois de juillet dernier, conclusions conformes, pour la plupart et dans leurs dispositions essentielles, aux vœux que nous avions exprimés, soit dans ce journal, soit devant la Chambre syndicale des Industries diverses, les Chambres syndicales et plusieurs Sociétés.

. . . .

Les avantages stipulés au profit de l'État et du public, comme prix du renouvellement et de la prorogation du privilège de la Banque, sont assez importants pour qu'il soit inutile de courir des aventures en adoptant des propositions qui, dans plusieurs pays d'Europe aussi bien que d'Amérique, n'ont causé que ruines, déceptions, discrédit, altération de la fortune publique et privée.

Suit une énumération que je ne veux pas lire, — ce serait trop ingrat, — des modifications que la commission a fait subir au projet primitif et qui permettent à M. Neymarck d'affirmer que le projet de loi est le reflet exact, sincère, des améliorations réclamées par les représentants autorisés du commerce français.

Dans un autre numéro du *Rentier*, je trouve le compte rendu d'une séance de la *Chambre syndicale des Industries françaises*. Je pense que les négociants qui la composent ont quelque connaissance de leurs besoins, qu'ils ne veulent pas livrer la France et qu'ils n'ont pas été achetés par M. de Rothschild. Or, je constate que dans ce journal où, en 1884, on faisait la même campagne que M. Burdeau dans le *Globe*, on donne une pleine approbation au projet de loi, à raison des modifications qui y ont été apportées.

Sur une question posée par M. Dupin-Varenne, M. Alfred Neymarck rappelle à la Chambre des Industries diverses que la discussion sur le projet de loi relatif au renouvellement du privilège de la Banque de France viendra en discussion très prochainement devant le Parlement.

La plupart des vœux que nous avons exprimés, dit-il, depuis 1884, vœux que vous avez appuyés et approuvés dans les rapports et communications que j'ai eu l'honneur d'exposer devant vous, reçoivent complète satisfaction.

Nous avions demandé :

1° Une prorogation assez longue du privilège de la Banque de France.

2° Une participation de l'État dans les bénéfices de cette institution.

3° Le payement des coupons de rentes françaises par la Banque.

4° L'ouverture des guichets de la Banque pour les souscriptions des emprunts de l'État.

5° La création d'un plus grand nombre de succursales en province.

6° La création de succursales dans les chefs-lieux de départements qui en étaient dépourvus.

7° L'ouverture en province d'un grand nombre de succursales recevant les dépôts de titres.

8° Des facilités plus grandes pour les escomptes.

9° La réduction des frais de virement entre les comptes courants de Paris et de province.

10° La réduction du coût des billets à ordre, des chèques indirects et des virements échangés entre Paris et les succursales, et vice versa.

11° L'escompte tous les jours ouvrables dans les succursales.

12° Les avances sur valeurs industrielles choisies par la Banque.

13° L'extension des services à rendre au Trésor pour ses recouvrements.

14° Le placement des capitaux d'autrui en rentes françaises accumulatives.

15° L'examen d'une entente à établir entre la Banque de France et la Banque d'Algérie pour éviter l'agio sur les billets de banque dans notre colonie méditerranéenne.

Tous ces vœux principaux, qui donnent satisfaction au public, au commerce, à l'État, ont été acceptés, et nous avons le ferme espoir que la Chambre des Députés et le Sénat les ratifieront.

Voilà l'œuvre à laquelle s'est associé M. Burdeau, l'œuvre infâme qu'il n'a pu faire que pour de l'argent !

La vérité c'est que le projet de loi appelait l'approbation de tous les esprits impartiaux, comme la situation de la Banque en 1883 appelait leurs critiques. Combien d'ailleurs la situation avait changé !

En 1883, ce que M. Burdeau appelait le découvert, c'est-à-dire les billets correspondant à des effets de commerce, représentait 44 0/0, presque la moitié de la circulation des billets de banque. Dès 1885, — remarquez que M. Burdeau n'a pas la prétention d'avoir obtenu seul ce résultat, — dès 1885, ce découvert est ramené à 30 0/0, puis à 20 0/0. Et, quand il déposera son rapport, ce découvert est ramené au chiffre de 16 0/0, chiffre qui caractérise ce qu'on a appelé la plus belle période de la Banque de France. C'est dans ces conditions qu'il donne une approbation, qu'il n'a pas davantage marchandée à un même état de choses à une autre époque.

Il me semble, Messieurs, que je pourrais m'en tenir là. Je viens d'affirmer que la polémique du *Globe* avait porté exclusivement sur la direction donnée à la Banque. Entrons dans le détail.

Le projet déposé en 1891 repose sur les idées maîtresses, fondamentales que voici. En premier lieu, le privilège donné à la Banque de France d'émettre des billets et, en second lieu, la répudiation énergique de l'idée d'une Banque d'État. — La Banque de France gardera sa personnalité, elle demeurera une entreprise privée, l'État ne veut pas être banquier. — Enfin limitation de l'émission des billets, suivant la proportion de l'encaisse en numéraire. C'est cette idée fondamentale qui a été défendue dans le rapport, comme elle avait été dans le journal *le Globe*, la base de toutes les critiques.

Vous pourriez lire d'un bout à l'autre tous les articles écrits par M. Burdeau dans le *Globe* et vous ne trouveriez pas une critique élevée contre une de ces idées maîtresses. Mais voici ce que vous y liriez.

Dans l'article du 4 mai 1883, M. Burdeau donne des chiffres et fait ressortir que l'encaisse est de 2 milliards 50 millions, la circulation de 3 milliards et que le découvert le plus gros peut-être que la Banque ait connu en pleine paix est de 1 milliard. M. Burdeau écrit alors cette phrase, qui résume toute sa pensée.

Le tiers des billets de la Banque de France sont ainsi du simple papier-monnaie, et derrière eux il y a le néant. Derrière les billets anglais, il y a de la Rente anglaise, c'est-à-dire la valeur la plus solide du monde. Voilà la différence.

M. Leroy-Beaulieu parlait de Philippe le Bel, des assignats. M. Burdeau, plus modéré, fait remarquer qu'on est en face d'une situation qui
pourrait être ébranlée par les événements et que, dans un état de
crise, la Banque ne pourrait pas rembourser.

Dans un second article, M. Burdeau expose qu'en dépit de cette
situation déjà si grave — le découvert est de 1 milliard, et à l'heure où il
déposait son rapport il est réduit à 240 millions — le Gouvernement
propose de supprimer la limite d'émission des billets, limite dans
laquelle la Banque doit se tenir renfermée. La Commission ne veut
pas supprimer la limite d'émission et elle consent à porter la circulation à 3,500 millions.

A cette époque, dit M. Burdeau, l'encaisse de la Banque était de 2 milliards
50 millions, et, si l'on porte la circulation à 3 milliards 500 millions on arrive à un
découvert de 1 milliard 450 millions.

M. Burdeau s'élève contre cet état de choses, qui consistait à porter
à 1 milliard 450 millions le découvert qui n'était que de 950 millions.

La Banque de France crée 1 milliard de monnaie fictive, de fausse monnaie, ce
sont les expressions mêmes de M. Leroy-Beaulieu.

Quelle raison si puissante alors ont-ils de les violer ? Quel motif si décisif
d'accroître de 300 millions le stock de monnaie fausse et de manquer aux règles
de la probité publique ? Quel prétexte pour multiplier le signe de l'échange, ce qui
l'avilit, ce qui fait monter les prix, dans un moment où déjà la cherté trop grande
de nos produits nous rend si faibles contre la concurrence étrangère ? S'agit-il de
permettre à la Banque de faire des avances à l'État, de lui négocier quelques
centaines de millions de bons du Trésor ? On le dit presque tout haut, et si nous
sommes bien renseignés, on n'a pas tort de le dire.

Eh bien ! soit. Nous ne chicanerons pas. Nous n'examinerons pas si un
emprunt occulte est bien conforme au principe d'un gouvernement représentatif.
Nous ne considérons pas s'il est bien opportun d'épuiser dès à présent un expédient qui fut toujours regardé jusqu'ici comme réservé pour des circonstances
suprêmes qui excusent tout.

Cette critique dirigée contre l'emprunt portait juste, car le Trésor
avait emprunté à la Banque 158 millions. Ces reproches formulés
avec vivacité, mais qui sont dans le droit de l'écrivain, sont suggérés

par le chiffre du découvert ; ils ne touchent à aucune des idées fondamentales sur lesquelles repose la Banque de France.

Dans un autre article, en date du 14 décembre 1883, intitulé : *Abus
du billet de banque*, M. Burdeau expose les raisons qui doivent faire
rejeter le projet de la commission tendant à relever de 300 millions et
par suite à porter à trois milliards et demi la limite d'émission de la
Banque de France. Il montre que l'excédent de la circulation sur l'encaisse n'aura jamais atteint une pareille somme, sauf aux heures de
détresse publique, comme, par exemple, au lendemain de la guerre ou
d'un grand krach.

A la date du 1ᵉʳ février 1884, il revient sur ces mêmes idées :

... L'augmentation de l'émission des billets de la Banque de France a été votée
au Sénat après l'avoir été à la Chambre. Déjà 3 milliards 200 millions de billet
pouvaient circuler avec cette mention : « payable à vue au porteur », tandis que
les caves de la Banque contenaient à peine 2 milliards d'espèces pour les rembourser ; il y en aura désormais 3 milliards 1/2. Déjà 1,200 millions de billets
fictifs faisaient concurrence à nos 7 ou 8 milliards de métal et tendaient à rabaisser
de 14 à 17 0/0 la puissance d'achat du franc : cette concurrence sera faite par
1,500 millions de papier-mannaie, et c'est de 18 à 20 0/0 que tendra à fléchir la
valeur efficace de notre unité monétaire. C'est la loi qui le veut, et il n'y a plus
qu'à s'incliner.

. . . .
. . . .

On a entendu M. Tirard déclarer que l'État, dans ses besoins d'argent, n'hési-
terait jamais à se faire donner, par la Banque, tous les billets dont il aurait besoin,
sans se croire tenu de rien dire au public de ces opérations. Jamais adversaires du
monopole de la Banque n'avaient plus clairement mis en lumière les deux principaux défauts de ce grand établissement : sa tendance à multiplier les billets sans
représentation métallique, et son *rôle secret de planche* à assignats toujours prête
à jouer au profit de l'État...

Encore un emprunt fait à l'honorable M. Leroy-Beaulieu !

Le 30 janvier 1885, M. Burdeau constate que la crise financière
diminue, que l'état du pays s'améliore et il arrive à cette conclusion :

Plusieurs personnes se disent que, si ce n'est pas assez, pour maintenir le Conseil de régence dans la voie qui convient à un service national, de la seule voix d'un gouverneur, même quand ce gouverneur a pour lui la compétence financière et l'autorité politique — alors il faut songer à lui adjoindre deux ou plusieurs régents, qui l'appuieront de leurs votes, et l'éclaireront sur les intentions qu'on ne déclare pas tout haut en plein Conseil.

Ce n'est là, à nos yeux qu'un palliatif, le seul remède c'est la suppression du droit exorbitant qu'a la Banque d'émettre du papier-monnaie.

C'est toujours la même idée.

L'article du 29 juin 1883 n'est pas de M. Burdeau; une lettre qui est au dossier l'établit, mais M. Burdeau n'a pas le moindre intérêt à en renier la paternité et, dans son rapport, il reproduit les mêmes appréciations.

Le 24 août 1884, M. Burdeau répond à une brochure de M. Munier, qui concluait au renouvellement du privilège de la Banque, mais en y mettant pour condition que la Banque de France devrait escompter le papier des agriculteurs.

M. Burdeau, dans un article fort bien pensé et fort bien écrit, dit que ce serait là une mesure illusoire, parce que la Banque ne peut escompter que du papier commercial et qu'il n'y a pas là de sacrifice fait par la Banque, ni de conclusion pratique.

A la date du 4 janvier 1884, M. Burdeau écrit un article qui lui est suggéré par une baisse de 300 francs sur les actions de la Banque, qu'il attribuait à la baisse du métal :

. . . . Vienne le jour où l'État démonétisera les écus, aussitôt ces même billets n'auront qu'à se présenter au guichet, et la Banque devra les rembourser en beaux louis d'or; ses écus lui resteront pour compte, et elle ne s'en débarrassera à la longue, qu'avec une perte de l'ordre ci-dessus indiqué. A qui la faute, à l'État?

Mais, hélas ! au même moment l'État aura fort à faire; en dehors du milliard d'argent de la Banque, 4 à 5 milliards d'écus foisonnent en France. C'est par un déchet de 6 à 800 millions que se chiffrera la démonétisation de ce stock de monnaie dépréciée. On voit à quel embarras le Trésor et la Banque sont voués pour ce jour, peut-être moins éloigné qu'on ne croit.

On ne peut pas lui faire un reproche d'avoir appelé l'attention sur les périls du bimétallisme, qui dès ce moment frappaient tout le monde.

Vous ne trouvez donc pas sous sa plume une seule critique contre l'organisation, ni contre le mécanisme statutaire de la Banque de France.

Le rapporteur de 1892 est resté fidèle à sa thèse de 1884.

Il avait critiqué l'exagération de la circulation; or, je lis à la page 9 de son rapport :

. . . .

. . . . L'émission se compose en réalité de deux sortes de billets : les uns sont garantis par l'encaisse ; ils représentent de l'or et de l'argent; ils constituent des bons de monnaie, préférables par leur commodité à la monnaie elle-même. Les autres représentent le portefeuille, l'ensemble des effets commerciaux acceptés à l'escompte par la Banque. En les émettant, la Banque s'est engagée à payer à première réquisition des sommes qu'elle recouvrera seulement à une date plus ou moins distante. A ne raisonner que dans l'abstrait, elle a contracté là un engagement téméraire, et le libellé de ses billets, qui se présentent comme payables à vue, constitue une promesse mensongère. Dans la réalité, il se trouve pourtant que ce billet paradoxal peut égaler en sécurité le bon de monnaie, mais à de certaines conditions.

C'est qu'il y a deux faits dont il faut tenir compte ; c'est d'abord l'existence de l'encaisse, où la banque d'émission puise indistinctement pour rembourser les billets représentatifs du portefeuille aussi bien que les autres, puisque rien ne permet de discerner les deux sortes. C'est ensuite ce fait, d'observation vulgaire, que les billets ne viennent pas tous à la fois au remboursement. On admet, en général, qu'une banque dont l'encaisse égale le tiers de l'émission est à même de suffire à toutes les demandes des porteurs de billets. Mais ce n'est là qu'une vue très superficielle des choses : le crédit d'une banque d'émission est loin d'être exactement en raison du rapport qui existe entre l'encaisse et l'émission. La Banque d'Espagne, qui a relevé son encaisse, au cours des douze derniers mois, de la proportion du quart à celle du tiers de l'émission, n'en a pas moins vu fléchir son change de 11 à 19 0/0.

Pour arriver à une formule plus exacte, supposons un assaut des porteurs contre les guichets. Pour que la Banque les rembourse sans exception ni arrêt, il faut que tous ses effets de commerce aient été encaissés avant l'instant où le dernier billet viendra au remboursement. D'où les conditions suivantes : une encaisse assez considérable et un portefeuille à l'échéance assez courte pour que l'écoulement de l'un et les rentrées de l'autre marchent d'un pas à peu près égal et exigent sensiblement les mêmes délais.

C'est la traduction presque littérale, c'est encore en tous cas la synthèse exacte de ce que M. Burdeau avait dit en 1883 et 1884.

Il est vrai que la *Libre Parole* fait ressortir que M. Burdeau qui s'indignait contre l'augmentation de la limite d'émission en 1884, s'est rallié à l'augmentation de cette limite en 1891.

C'est toujours le même raisonnement. On dit à M. Burdeau : Vous avez changé d'opinion, c'est donc que vous aviez intérêt à le faire, — car M. Drumont n'est pas de ceux qui peuvent prêter à un homme un mobile honorable.

Mais il s'est bien gardé de faire connaître la différence de situation de la Banque de France en 1891 et en 1884. M. Burdeau a blâmé l'augmentation d'une circulation représentée par des effets de commerce et on lui oppose qu'il vient d'approuver l'émission de billets dont la représentation se trouve en numéraire dans les caves de la Banque. Eh bien ! c'est là une bêtise, une grosse bêtise !

Que s'est-il passé de 1885 à 1892 ?

En 1892, l'émission est, à quelques millions près, la même qu'en 1884 ; elle était de 2 milliards 925 millions en 1884 et, en 1889, elle est de 3 milliards 20 millions. La circulation en 1884 et en 1889 est donc sensiblement égale ; mais il est quelque chose qui a changé.

En 1884, l'émission des billets contre du numéraire ne représentait que 2 milliards 28 millions ; en 1892, les billets remis au public contre des espèces sonnantes représentent 2 milliards 658 millions ; c'est-à-dire que, dans l'intervalle, la quantité d'or apportée par le public s'est accrue chaque année, en moyenne, dans la proportion de 80 à 90 millions. Voilà la différence.

La Banque, chaque année, doit donner 80 à 100 millions de billets de plus à ceux qui lui apportent de l'or. Et c'est en présence de cette nécessité qu'on lui accorde une latitude correspondante ; on augmente la limite de sa circulation contre du numéraire et pas le moins du monde la limite de sa circulation contre des effets de commerce.

Il est un homme que la *Libre Parole* a traité de héros, M. Francis Laur ;

— elle aurait pu l'appeler un martyr, — à qui ce chiffre de circulation n'a pas paru suffisant et qui a proposé de le porter de trois milliards et demi à quatre milliards et demi, mais je n'ai pas besoin d'invoquer son autorité.

On dit enfin : M. Burdeau, qui n'avait pas assez de louanges en 1883 pour la Banque d'Angleterre, préfère, en 1892, le mécanisme de la Banque de France. Peut-on émettre une pareille opinion, sans tomber aussitôt sous l'accusation de s'être vendu ?

En vérité l'ignorance, sinon la calomnie, devrait avoir des limites.

Que s'est-il passé en 1890 ? Avez-vous oublié ces rumeurs qui, parties d'Angleterre, traversant le détroit, arrivaient jusqu'en France, nous montrant les finances d'un État sud-américain ébranlées et, par contre-coup, l'une des plus puissantes maisons de banque, la maison Baring, atteinte dans ses assises et menacée de suspendre ses payements ? Les rumeurs persistent, se propagent, prennent consistance, et l'on apprend tout à coup que la Banque d'Angleterre elle-même est mena-cée de donner sa dernière livre d'or, et que cet établissement, appelé Banque royale d'Angleterre, va suspendre ses payements.

Est-ce là une fantaisie de l'imagination ? Est-ce l'histoire d'hier ? N'est-ce pas là un événement qui devrait bien nous décourager d'aller chercher au dehors des exemples, quand nous en trouvons de si grands dans notre pays ? Vous savez comment la Banque d'Angleterre a été sauvée par la Banque de France. Et cette Banque de France, on aurait voulu que nous entreprenions d'en modifier les bases, le lendemain même du jour où elle tendait la main à la Banque d'Angleterre, en lui envoyant 75 millions d'or pour assurer ses payements !

Le public ne s'est même pas aperçu de cet envoi, et la Banque a fait ce sacrifice d'une façon si aisée qu'il n'en est résulté aucune commotion.

Qu'on ne nous parle pas de copier un établissement que la Banque de France a dû sauver ! Gardons une institution qui est pour la France une force, son espoir, qui lui a fourni sa première revanche ! Et M. Burdeau serait coupable pour avoir préféré la Banque de France dans son fonctionnement actuel à la Banque d'Angleterre ?...

Un dernier mot encore sur ce point.

M. Burdeau est resté fidèle jusqu'au bout aux théories qu'il avait émises, à savoir que le renouvellement du privilège devait être payé par la Banque de France à l'État en même temps qu'au public.

J'ai parlé des vœux formulés par les Chambres de commerce, des améliorations par elles proposées. Eh bien, qui donc, dans son bureau, puis dans la commission, a combattu pour améliorer le projet du Gouvernement, puis celui de la commission ? Ce n'est pas M. Burdeau seul, sans doute, mais nul ne l'a fait avec plus de vigueur et la majorité a trouvé en lui son interprète le plus autorisé et le plus fidèle.

Savez-vous à combien se chiffrent les avantages que M. Burdeau a proposé de réclamer à la Banque ? J'ai tous les détails dans le dossier ; ces avantages atteignent, d'après la commission, 140 millions ; d'après un tableau dressé par la Banque, ils s'élèvent à 160 millions.

Par conséquent, l'œuvre de M. Burdeau, de cet homme qui s'est vendu à M. de Rothschild, aboutit à prélever, à l'occasion du renouvellement du privilège, une contribution de 140 ou de 160 millions sur la Banque.

Voilà comment, sur ce point encore, M. Burdeau a tenu parole.

Ce qu'il a blâmé, tous les économistes le blâmaient ; le projet auquel il s'est rallié, tous les écrivains et tous les hommes politiques sérieux l'ont accepté et approuvé.

Mais c'est trop insister sur des controverses qui n'ont rien à voir dans ce procès.

Rapprochons-nous du débat ; revenons à la question qui se posera dans vos consciences, au moment de prononcer votre verdict.

Voulez-vous admettre qu'entre les articles de 1883-1884 et le rapport de 1892 il y ait une contradiction manifeste ? Est-ce qu'il serait possible d'oublier que les hommes d'État les plus illustres ont quelquefois trouvé leur plus grand titre de gloire dans l'hommage par eux rendu aux leçons des événements ? Il est un pays où la presse jouit d'une entière liberté, mais où elle est respectueuse de l'honneur des gens, non pas seulement parce que les condamnations y sont exemplaires, mais parce qu'elle est noblement jalouse de toutes ses gloires nationales. Dans ce pays, il est un homme illustre entre tous, respecté de tous, M. Gladstone. Or, il y a quelques jours à peine, on rappelait comment, après avoir combattu pour l'union de l'Église et de l'État, il est devenu sous la pression des événements, instruit par l'expérience, le champion de la séparation. On peut donc rester un des grands hommes de son temps sans demeurer rivé à une doctrine, immobile au milieu d'une société toujours en mouvement et sans cesse transformée.

Quand on prête à ses semblables, comme M. Drumont, une âme de boue, ces considérations sans doute sont de peu de valeur, mais je ne parle pas pour M. Drumont !

Je vais plus loin. M. Burdeau n'a pas écrit, je le veux, dans son rapport, une ligne qui ne soit un démenti à ses écrits de 1883.

Eh bien ! j'affirme que, dans votre conscience d'honnêtes gens, vous reconnaîtriez encore que le devoir de M. Burdeau était de faire ce qu'il a fait et de formuler les conclusions insérées dans son rapport.

Que réclame-t-on aux hommes qui représentent le pays ? Leur devoir est de suivre les manifestations de sa volonté, et quand la nation, consultée dans la personne de ses représentants les plus autorisés, a fait entendre ses injonctions, leur conduite n'est-elle pas toute tracée ?

Or, j'ai sous la main cette enquête à laquelle la *Libre Parole* s'est bien gardée de faire allusion. Toutes les Chambres de commerce et toutes les Chambres consultatives ont été interrogées, ainsi que les Chambres syndicales des industries diverses. En un mot, tous ceux qui représentent le travail, ses intérêts, ses destinées, ont été interpellés, et tous ont répondu en se ralliant au projet de loi sur lequel les délibérations de la Chambre allaient s'ouvrir !

Ce projet infâme, représenté par Drumont comme une trahison nationale, quatre-vingts Chambres de commerce l'ont ratifié ! Et M. Drumont le sait sans doute, puisque les résultats de cette enquête sont annexés au rapport !...

Un grand nombre d'entre elles ont émis des vœux, souhaité des améliorations.

Mais qu'a donc fait M. Burdeau ? Ces réclamations, il les a faites siennes, défendues dès la première heure, et il les a fait accepter par le Gouvernement et par la Banque. Et c'est cette œuvre loyale, probe, irréprochable, qu'un écrivain affamé d'outrages présentera comme une trahison grassement payée !...

Ce n'est pas tout. Il y a des calomnies qui ne sont pas seulement odieuses et abominables, elles sont encore absurdes et plus qu'absurdes.

Pour que l'homme que vous connaissez maintenant ait pu se vendre, il faut, je suppose, qu'on ait eu besoin de l'acheter ! Eh bien ! comment était composée cette commission dans laquelle a été préparé le rapport ? Elle était, comme toutes les grandes commissions de la Chambre, composée de vingt-deux membres, c'est-à-dire de deux commissaires par bureau. Elle a été élue le 11 février 1891 ; et, dans le journal *le Temps*, paru ce jour-là, je trouve le compte rendu suivant de l'élection des vingt-deux membres de la commission :

Les vingt membres composant la majorité se partagent en partisans purs et simples du projet présenté par le Gouvernement — c'est le plus grand nombre — et en membres réclamant diverses modifications de détail au projet. Toutefois, nous devons dire qu'aucun de ces derniers ne subordonne son vote final en faveur du projet à l'acceptation de ses amendements.

Cela veut dire que vingt membres sont entrés dans la commission en disant, les uns : Nous acceptons le projet de loi sans réserve ; les autres : Nous l'acceptons à condition d'y introduire certaines modifications ; mais l'intérêt public est tellement engagé que nous ne ferons pas de l'acceptation de ces modifications la condition de notre vote.

Ainsi, voilà une commission qui, aussitôt formée, est acquise au projet de loi, à ce projet de loi infâme qu'on ne peut avoir accepté qu'à la condition d'avoir souillé ses mains en recevant de l'argent ! Tous les partis y sont représentés : la Droite, le Centre et l'Extrême-gauche ! Et tous ces députés disent : Ici expirent nos divisions. Plus de querelles, parce qu'il ne faut pas jouer avec le crédit du pays. Nous essaierons d'améliorer ce projet; mais, si nos amendements étaient rejetés, préférer un instant une satisfaction d'amour-propre à ce qui est commandé par l'intérêt national, ce serait une forfaiture!

Cette commission unanimement favorable s'est réunie; son avis a été immédiatement connu et a fait le tour de la presse française.

Vous affirmez, vous qui ne respectez personne, — parce que c'est votre industrie, — vous affirmez que M. Burdeau s'est vendu. Ne soyez donc pas du moins absurde dans la diffamation et ne dites pas que M. de Rothschild a eu besoin d'acheter le rapporteur d'une commission qui s'était donnée d'avance!

Lorsque les bureaux nomment une commission, à la Chambre, — ceux qui sont familiarisés avec les usages parlementaires savent cela, — chaque candidat fait sa profession de foi et, dans la première réunion de la commission, fait connaître l'opinion du bureau qui l'a élu. Il rend compte des engagements qu'il a pris. Eh bien! pour que M. de Rothschild ait besoin d'acheter M. Burdeau, il est une tactique que celui-ci devra suivre.

M. Burdeau va se réserver, il demeurera silencieux, inquiétant... il ne déclarera pas tout haut dans son bureau qu'il est partisan du projet de loi, il ne fera aucune confidence à ses collègues; il ne dira pas à tous, ainsi que l'a attesté l'honorable M. Casimir-Perier : Le renouvellement du privilège de la Banque de France est une question d'intérêt national !

Or, qu'a fait au contraire M. Burdeau? Il a été de tout temps partisan du renouvellement du privilège de la Banque, et de tout temps il a lutté pour cette opinion. En voici la preuve; c'est une lettre à lui adressée spontanément par un de ses anciens collègues en économie politique, l'honorable M. Coste, dont le nom est connu de beaucoup d'entre vous, Messieurs. Il écrit à M. Burdeau :

Ni vous ni moi n'avons jamais hésité un seul instant, en dépit de nos critiques, à proclamer la nécessité de ce renouvellement, et, en vérité, je ne crois pas qu'il y ait un publiciste sérieux qui osât s'y opposer.

N'oubliez pas que M. Coste connaît bien les articles écrits dans le *Globe* autrefois, car il y collaborait, et cependant il termine ainsi :

Pour moi, mon cher ami, je suis heureux de rendre hommage à votre fidélité aux opinions économiques soutenues par vous dans le *Globe*, et je souhaite que tous les hommes d'État soient toujours aussi soucieux de mettre leurs actes d'accord avec leurs principes.

C'est après les déclarations faites par les membres de la commission que M. Burdeau a été nommé rapporteur. Pourquoi a-t-il été nommé rapporteur ? Les honorables députés qui sont venus témoigner devant vous, Messieurs, l'ont dit à l'envi.

Une commission choisit son rapporteur quand elle a formé une majorité, et M. Burdeau a été désigné parce qu'il était partisan du projet et qu'il représentait fidèlement l'opinion de la majorité.

Ces simples constatations enlèvent à M. Drumont tout espoir et toute excuse.

Quand donc M. Burdeau se serait-il vendu ? Vous avez dit, monsieur Drumont : Quand on veut dédommager un homme, on lui donne un rapport à faire !

M. le marquis de Morès nous a dit à son tour que M. Burdeau avait fait attendre son rapport pour marchander !

C'est donc comme rapporteur qu'il s'est vendu ! Eh bien, autant l'accusation est atroce, autant, je puis le dire, elle est stupide. On n'achète pas, encore une fois, un homme qui s'est donné, on n'a pas besoin de prodiguer l'or à un rapporteur dont les sentiments sont connus, et qui n'est que l'instrument d'une commission dont la majorité, que dis-je ? dont l'unanimité est acquise !

Maintenant, je ne dirai qu'un mot encore des dépositions que vous avez entendues. A la simple audition des noms des témoins, on pouvait prévoir quelle serait la nature du débat qu'on chercherait à faire naître.

M. Drumont n'a pas dit à un seul de ses témoins : Je vous ai appelé à cette barre parce que j'ai déclaré que M. de Rothschild avait acheté M. Burdeau. Savez-vous quelque chose sur ce fait ? — Pas un témoin n'a été appelé à s'expliquer sur ce point. Ce n'est pas pour

.cela que vous les avez choisis. Vous les avez appelés pour tenter une série de diversions, pour démontrer que la finance est toute-puissante en France, que M. de Rothschild n'est pas un pauvre homme et qu'il a beaucoup d'or à sa disposition ; pour refaire, une fois de plus, l'histoire de la Société des Métaux, pour tenter de faire le procès de la Banque de France.

Il n'en est pas un auquel vous ayez osé dire : Vous savez ce que j'ai dit de M. Burdeau ; voulez-vous prendre cette accusation à votre compte ? (*Assentiment.*)

Le témoin Emile Serrant est venu rendre compte d'une conversation qu'il avait eue avec M. Allain-Targé. Tous ceux qui connaissent et qui aiment M. Allain-Targé savent qu'il n'a pas encore pris son parti du vote des conventions de chemins de fer. M. Allain-Targé lui a exprimé son mécontentement de son échec de 1884 ! Voilà les primeurs que M. Serrant vous apporte ! M. Allain-Targé aurait dit au témoin Serrant « J'ai fait d'excellents discours, mais j'ai échoué ; ce phénomène ne se peut expliquer que par la corruption de la presse ».

Et bien ! cela fût-il vrai, comment en conclure que M. de Rothschild aurait payé M. Burdeau ? Ah ! Messieurs, je ne crains pas de dire que si l'honnête homme qu'on appelle M. Allain-Targé avait à juger M. Drumont, son opinion ne différerait pas de la mienne !

Pressé de questions, M. Serrant a dû reconnaître que ce n'était pas M. Allain-Targé qui avait dit : « Oh ! Burdeau, il est comme tous les autres ! » — parole en l'air qui ne vous éviterait pas le châtiment qui à chaque instant se rapproche de vous, — c'est un boursier qui aurait dit que la presse était vénale et prononcé cette parole : « Burdeau ?... Il doit être comme les autres !... »

Et voilà les dérisions — passez moi l'expression, c'est la seule qui soit juste — qu'on substitue à la preuve qu'on doit faire. En vérité, rien n'est plus capable de soulever l'indignation que le spectacle auquel nous assistons. M. Drumont nous devait des témoignages, et ce sont des propos de trottoir qu'il nous apporte ! (*Vive adhésion.*)

Que dirai-je d'un autre témoin qui, pendant vingt mortelles minutes, nous a dit qu'il allait arriver à la question qui concernait M. Burdeau ?

Auteur d'ouvrages incompris, il s'est adressé à des électeurs sénatoriaux qui n'ont pas voulu l'entendre. Il a déclaré, en définitive, que M. Burdeau pouvait être soupçonné parce que lui, M. Hubner, a demandé à des journaux de Lyon de publier ses élucubrations et qu'ils ne les ont pas accueillies ! Eh bien, Messieurs les jurés comprendront qu'il n'y a encore rien à tirer de cette petite conférence que nous avons tous dû subir, et que, si quelque chose eût été surprenant, c'eût été de voir un journal quelconque ouvrir ses colonnes à d'aussi mortelles dissertations. (*On rit.*)

Je ne veux pas discuter une minute de plus une accusation qui n'est plus infamante que pour celui qui l'a portée.

N'est-ce point retenir trop longtemps votre attention ? Vous avez à rechercher si jamais accusation plus odieuse fut portée contre un homme plus irréprochable ; à peser les mobiles détestables auxquels le calomniateur a obéi. Vous avez à dire s'il est possible que l'honneur des citoyens soit moins protégé que leur fortune, s'il peut être permis que la vie si pure et si glorieuse que j'ai retracée soit tout à coup ternie par un de ces écrivains qui ne trouvent en vérité des souillures partout que parce que partout ils ont porté la main. A M. Drumont vous devez un châtiment ; vous devez une leçon à ceux qui seraient tentés, s'il en est, de marcher sur ses traces.

La diffamation n'est plus un accident, elle est devenue une industrie. Ce ne sont plus les idées que l'on combat en face, ce sont les hommes qui les défendent qu'on frappe par derrière. On ne surexcite plus les passions, on exploite les appétits, on propage la haine. Les esprits sont partout, dans les villages comme dans les cités, chaque jour assaillis, pénétrés et bientôt saturés par la calomnie, devenue le poison quotidien. Il fait son œuvre. Chez les uns, il développe l'esprit de révolte qui ne s'arrête plus même aux derniers atten-

tats. Que doit-on à une société pourrie?... Chez les autres, phénomène moins brutal et plus pernicieux peut-être, il éveille je ne sais
quel découragement humilié, le dégoût de croire à toutes ces vertus
nationales qui ont fait la France si grande et si forte, le désintéressement,
les ardeurs généreuses, le culte de tous les progrès. Tout s'achète et
tout se vend!...

L'étranger, pour nous discréditer, n'a point à surchauffer l'imagination de ses reptiles. Ici est le marché, le grand marché aux ignomi-
nies où il s'approvisionne! Quel crédit auront à ses yeux ceux que
chaque jour on abreuve d'insultes?... Ah! l'abominable besogne!

Et cette nation cependant, qu'on représente ainsi faite d'une boue assez
vile pour produire de pareils hommes et pour les supporter, est celle
qui, en vingt-deux années, a donné le spectacle de la plus merveilleuse
renaissance intellectuelle et morale, reconquis sa place dans le monde,
imposé une fois de plus à l'Europe l'ascendant moral de son influence
et de son génie!... Vous avez jugé bien des crimes, mais pas un
plus grand que celui que je vous dénonce. L'honneur même du pays,
Messieurs les Jurés, est intéressé au verdict que vous allez rendre.
(*Applaudissements. — Mouvement prolongé.*)

Paris. — Imprimerie Paul Dupont, 4, rue du Bouloi 1105.8.92 T

www.ingramcontent.com/pod-product-compliance
Ingram Content Group UK Ltd.
Pitfield, Milton Keynes, MK11 3LW, UK
UKHW021145140726
13695UKWH00005B/1943